2

Pit Washington
LEUCHTTURM
Texte

Design / Layout / Cover: Pit

Impressum

**Herstellung und Verlag:
BoD - Books on Demand, Norderstedt
ISBN 978-3-7392-1785-7
© 2015**

Licht

Manchmal ist der Weg so schwarz
Du siehst nichts und bist fast blind
Deine Angst klebt fest wie Harz
Dort, wo tausend Teufel sind

Schau, ein Leuchtturm steht und blinkt
Dieses Licht strahlt hell und klar
Sieh, wie neue Hoffnung winkt
Und dein neuer Weg ist da

Endlich ist die Blindheit fort
Immer blinkt des Leuchtturms Licht
Lässt allein dich nie am Ort
Scheint dir hell ins Angesicht

Nach Hause

Es ist Sommer in der Stadt
Denk an Euch die ganze Zeit
Ob ihrs schön und ruhig habt
Heut, an diesem Sommertag
Ach, ihr seid so weit, so weit

Träume mich ins Elternhaus
Hier, in dieser großen Stadt
Manchmal halt ich´s kaum noch aus
Möchte fliehen, will nach Haus
Weil ich so viel Heimweh hab

Denk an all die Feste dort,
an manch gut- und schlechtes Jahr
An so manches böse Wort
Denk an all das Leben dort
So, wie es zu Hause war

Manchmal war ich voller Frust
Wollte weg, nur einfach raus
Keine Heimat keine Lust
Lachte kaum, verdammter Frust!
Dabei war's doch mein Zuhaus

Jetzt begreif ich immer mehr
Liebe fand ich nur daheim
Sehn mir meine Liebsten her
Ja, ich spür es mehr und mehr
Will im Geist bei Euch nur sein

Es ist Sommer in der Stadt
Denk an Euch die ganze Zeit
Dort, wo's Heimweh Flügel hat
Träum ich mich aus dieser Stadt
Träum nach Haus mich, dass so weit

Gedanke

Manchmal denkt man,
man hat keine Zeit
Es ist der letzte Tag,
die allerletzte Stunde
Dann schaut man sich um und spürt,
es ist soweit
Noch ein letztes Wort -
vielleicht - aus meinem Munde

Dann sieht alles anders aus,
was man so sieht
Und man ist traurig
Muss man jetzt gehen?
Und man zählt die Sekunden,
bevor es geschieht
Beginnt man erst jetzt
sich selbst richtig zu verstehen?

Und plötzlich weiß man es
Und man fühlt es genau
Dies alles ist einmal nur
Und wird für immer vergehen
Dann nimmt man ihn auf,
den wirklichen Augenblick
Denn *DAS* ist wirklich Leben

In meinem Keller

Hab heute irgendwas gesucht
Und war im Keller, auf der Flucht
Ein riesges Chaos fand ich dort
An jenem schmutzig, dunklen Ort

Da war so vieles aus der Zeit
In der ich einstmals ohne Leid
Als ich so glücklich, fröhlich war
Als ich mich fühlte wie ein Star

Ich kramte die Erinnerung aus
Hier in diesem alten Haus
All die Geschichten fieln mir ein
Mit Sekt und Bier und Nacht und Wein

Soviel erlebt - mein Gott - soviel
Mal Ernstes, meistens doch nur Spiel
Doch blieb ich selten mal allein
Sollt all das noch einmal so sein?

Denn alles, was vergessen schien
Was längst verstaubt und schon dahin
Liegt gut versteckt, ganz lieb und brav
In diesem dunklen Kellerkaff

Und die Gedanken sind ganz nah
Ich hör mich singen, wunderbar
Meine Musik, Mensch, spielt doch noch
Im Keller hier, im dunklen Loch

Und plötzlich wird so vieles klar
Es sollte sein wies früher war
Nur noch viel besser, noch viel mehr
Das Feuer brennt noch tief in mir

Dies Kribbeln ist noch immer stark
Ich fühl mich jung an diesem Tag
Möcht wieder raus ins Leben schnell
Mich selber spürn – aus jedem Quell

Durch Nachtbars ziehn im schwarzen Hemd
Und selten schlau und durchgekämmt
Wieder verrückt sein, schräg und blöd
Das machen, was kein Mensch versteht

Wisch mir die Tränen vom Gesicht
Mensch Junge, du, du musst ans Licht
Ich rück die Brille mir zurecht
Bei mir Keller war´s nicht schlecht

November

Der Sturm treibt Regen übers weite Land
Es ist November und der Winter naht
Ich steh vorm Spiegel
Und ich hab mich nicht erkannt
Es zieht November durch dies viel zu kalte Land
Und in jene viel zu große Stadt

Ein Alb erscheint mir in den dunklen Nächten
Es ist November und ich bin allein
Ich träum mein Leben
Und ich hab wohl nichts vollbracht
Es zieht November durch die viel zu kalte Nacht
Wollt doch nur einfach wieder glücklich sein

Der Morgen bringt mir eine neue Zeit
Es ist November und mich zieht es fort
Ich pack die Koffer
Und ich fühl mich nicht befreit
Es zieht November durch die viel zu kalte Zeit
Und es fällt kein einzig kluges Wort

Der Sturm treibt wieder mich nach Haus zurück
Es ist November – und noch nichts zu spät!
Ich seh die Heimat
Und ich spüre plötzlich Glück
Es brachte der November
mich nach Haus zurück
Dort, wo man mich immer noch versteht

Advent

Glockenklang und leises Singen
Endlich kommt die Weihnachtszeit
Weihnachtsmarkt will Freude bringen
Christkind ist jetzt nicht mehr weit

Die Adventszeit lässt mich hoffen,
was die Weihnacht bringen mag
Manche Tür steht nicht mehr offen
Heimlichkeit vorm Weihnachtstag

Schneegestöber, dunkle Wälder
Irgendwo ein Weihnachtsbaum
Sterne leuchten plötzlich heller
Wunderschöner Weihnachtstraum

Bei Dir

Bei Dir bin ich wohl immer gern
Auf diesem weit entfernten Stern
In meinem Traum ist´s gar nicht weit
Von Abschieden schon längst befreit
So nah am Herz und doch so fern

In jeder Nacht komm ich zu dir
an diesen Ort – bis früh um Vier
Wo die Gedanken zeitlos sind
Wo ich geblieben noch ein Kind
Erinnerungen ziehn in mir

Besuch im Herbst

Wenn der Oktober geht, dann hab ich Sehnsucht
Sehnsucht nach der Heimat
Die viel zu weit entfernt vom Jetzt,
und fern von allem Treiben liegt
Dann geh ich durch die Straßen dieser Stadt,
die ich so lange nicht gesehen hab
Und die Menschen schauen mich an
Wer ist der Mann?
Und ich schau in die zahllosen Gesichter
Wer ist der Mann?
Und jede Straße scheint mir so vertraut
Mir scheint, ich war nie fort
Ich wünscht es manchmal so
Und muss doch wieder gehn
Der kühle Herbstwind zieht durch meine Seele
Plötzlich seh ich ein Kind in einer Seitenstraße-
es lacht mich an
Auch ich hab hier gelacht, gespielt, geweint
Damals
In der Dämmerung gehe ich die alten Wege
Ich kenn sie noch
Vor der alten Schule
wieder diese merkwürdige Angst, wie damals
Ein kleines, wackliges Gebäude, jetzt
Ich schau mich um,
suche nach vertrauten Gesichtern
Da sind so viele Jahre zwischen uns
Du jetzt so kleine Welt, die ich so liebte, hasste,
brauchte

Ich war doch glücklich einst in deinen Armen
Erinnerungen sind ganz nah
Der kindlich schöne Weihnachtsglanz
Und Mutter versteckte die Geschenke
Wir hatten noch echte Kerzen am Baum
Noch heute lieb ich meinen Weihnachtsbaum
Träum oft von ihm und wünscht, er wär bei mir
Und wünscht, er sollt mir helfen
durch all die schwere Zeit
Oh Heimatstadt
Vertraute Kirche
Dort sangen wir die Weihnachtslieder
So unbeschwert
Und jenen längst vergangenen Tag
Ich spür ihn noch, er ist so nah
Alles ist so nah, hier in meiner Stadt
Und ich bin doch so fremd
Ich schließe den Kragen von meinem Hemd
Und auch vom Mantel, der mich wärmt
Trotzdem ist mir kalt
In meiner Stadt – ich bin hier fremd – jetzt
Und muss nun fort
Ade du Zauberwald, du märchenhafter Ort
Geschichtsbuch meiner Seele
Ein heißer Tee für meine rau geweinte Kehle
an jener Bude, dort im Park
Die Dämmerung verklärt den Blick,
verklärt die alte Stadt
Könnt' ich hier noch mal sein?
Für ein paar Stunden war ich wieder klein!
Ein leiser Regen fällt – und Schnee
Ob ich dich wohl nochmal wieder seh?

16　Du, meine kleine Heimatstadt?
Mein Auto braust davon
In eine andre Welt!
Die Kindheit, sie entschwindet!
Und alle Freuden, Ängste von damals
zerfließen in der schwarzen Nacht
Und schnell verschwinden die wenigen
Lichtpunkte im Nirgendwo
Bald bin ich weit entfernt von jener Stadt,
die niemand kennt
und niemand findet
Wo keiner etwas von mir weiß
Mir bleibt nur eine kleine Ausfahrt
an der Autobahn

Dämmern

Es dämmert schon
Ein Duft zieht um mein Häuschen
An diesem Ort
Zieht Müdigkeit nun ein
Ich schau mich um
Da piepst ein winzig´ Mäuschen
Und irgendwie
Fühl ich mich sehr allein

Ein greller Blitz
Es wird mir immer schwüler
Und Regen wäscht
Die Fenster wieder klar
Da wünscht´ ich mir
Es wäre etwas kühler
Doch nichts bleibt so
Wies vorher einmal war

Der Sommer naht
Ich spür schon jetzt die Hitze
Die mir so mache Stund
Den Atem mir fast nahm
Da ist auch Angst
Sie kriecht durch manche Ritze
Und reibt sich voller Lust
An meiner Seele wund

So will ich ziehn
In kühlere Gefilde
Wo manches nicht
So heiß gegessen wird
Ich mag sie nicht
Die Angst, die immer wilde
Such nach der Ruh
Und such auch mein Gesicht

Es dämmert lang
Die Nacht wird gleich beginnen
Kein Regen mehr
Und auch kein greller Blitz
Ich weiß genau
Die Angst wird bald verrinnen
Der Sommer kommt
Und auch so mancher Witz

Die Fee

Von fern spielt eine Melodie
Und irgendwo, da sah ich sie
Ein Zauber drang ins Herze mir
Am Weihnachtsabend, gegen Vier

Vom Schnee verweht ihr Angesicht
Sie tanzte leicht im Kerzenlicht
Ihr weißes Kleid – ein Sternenmeer
Und Glück und Friede um uns her

So leicht erschien mir da die Welt
Ganz ohne Leid und Hass und Geld
Ihr Lächeln schien fern aller Zeit
Mein Aug von Tränen längt befreit

Sie flog davon – sie blieb nicht hier
Am Weihnachtsabend, gegen Vier
So etwas Schönes sah ich nie
Mir blieb die ferne Melodie

Manchmal

Manchmal ist die Welt nicht schön
Niemand darf dich weinen sehn
Willst nur stark sein wie ein Baum
Bleibst doch fern von jedem Traum

Schlägst dich durch, willst hoch hinaus
Lachst nur schrill- und andre aus
Doch im Bett des Nachts um Drei
Ist's mit deinem Mut vorbei

Kannst nicht schlafen, du hast Angst
Weil du nicht mehr weinen kannst
Und dein Herz schlägt viel zu schnell
Es ist dunkel, gar nicht hell

Irgendwann, du glaubst es nicht
Flackert arg dein Lebenslicht
Du fällst um, ganz einfach so
In der Welt, wohl irgendwo

Keiner fragt dich, wie dir's geht
Doch du ahnst, es ist zu spät
Längst hat man dich schon ersetzt
Keiner fragt, ob du verletzt

Schwach liegst du im Krankenbett
Keiner kommt und lächelt nett
Schmerzen hast du, auch im Kopf
Fühlst dich wie ein armer Tropf

Plötzlich spürst du eine Kraft
Fühlst ganz neuen Lebenssaft
Alle Trauer weicht von dir
Sonnenlicht fällt durch die Tür

Du stehst auf, schaust nicht zurück
Gehst nach vorn ins Lebensglück
Und du drehst dich wild im Tanz
Weil du wieder weinen kannst

Resignation

Dies Leben brachte mir kein Glück
S´ ging abwärts nur, so Stück um Stück
Und Asche rinnt mir durch die Hand
Mein Leben scheint längst abgebrannt

Die Träume waren groß, so groß
Einst fruchtete ein kleiner Spross
Da träumte ich vom klugen Weg
Dass es vielleicht mal aufwärtsgeht

Ich kam sogar schon ziemlich weit
Ganz kurz sah ich ´ne bessre Zeit
Doch fiel mein Schicksal tief ins Loch
Und kroch auch niemals wieder hoch

Was ich vor Jahren aufgebaut
Hat mir der Teufel längst versaut
Der liebe Gott ließ mich im Stich
Nie sah ich ihn – und sein Gesicht

Allein und einsam sitz ich nun
Auf meinem Sofa blöd herum
Ganz ohne Kraft und ohne Geld
Bleibt draußen alle schöne Welt

Was nutzte mir mein wacher Sinn?
Er brachte keinen Reingewinn!
Was nutzte alles schlaue Wort?
Das trug schon lang das Böse fort!

Ich wollte mal ganz hoch hinaus
Und blieb doch nur 'ne graue Maus
Ein Niemand ohne Glanz und Mut
Der längst ertrank im Selbstbetrug

Der dümmste primitivste Mob
Fuhr mit den tollsten Autos fort
Und dümmlich machten die mir klar
Ich bin nur Abfall und kein Star

Verbannt bin ich im Höllenschlund
Mich pinkelt nicht mal an ein Hund
Nach all den Niederlagen jetzt
Zieh ich zurück mich, arg verletzt

Und warte auf den letzten Tag
Wenn mich der Teufel holen mag
Mein Leben blieb ein Augenschlag
Arg angefüllt mit Frust und Klag

So bleibt am End ein Trauersang
Mein Spiegel schwieg ein Leben lang
Einst träumte mir vom guten Weg
Doch alles ward vom Wind verweht

Zeit

Die Zeit lässt manchmal uns zurück
Sie schlägt uns nieder, gnadenlos
Doch geht sie weiter Stück um Stück
Und manchmal lässt sie uns zurück
Und trägt uns doch in ihrem Schoß

Sie klärt nicht auf und ordnet nicht
Sie trennt so viele einfach so
Sie schaut nur zu, wenn was zerbricht
Ist gnadenlos und rettet nicht
Sie macht uns traurig und auch froh

Doch ist sie auch der Ruhe gleich
Und lässt uns Raum zum Neubeginn
Durch sie sind manche Träume reich
Die Zeit bleibt immer wieder gleich
Nur wir verleihen ihr den Sinn

Sie gibt uns eine neue Chance
Denn sie ist da und bleibt nie stehn
Sie gibt dem Leben die Balance
Wir brauchen alle eine Chance
Die Zeit lässt Altes bald vergehn

So freu ich mich als Kind der Zeit
Dass ich es selbst entscheiden kann
Ich zieh durch Glück und auch durch Leid
Und zieh gelassen durch die Zeit
Ich pack mein Leben- irgendwann!

Schlaflos

Noch ist es Nacht
Ein Schneesturm lässt mich grüßen
Ich bin schon wach
Die Uhr zeigt Viertel Drei
Ich lieg nur da,
wein wieder in die Kissen
Vor lauter Angst
Die Träume sind vorbei

Ich fühl mich schlecht
Der Atem stockt behände
Ich weiß nicht mehr,
wie soll's nur weiter gehn
Ich wünscht es so,
dass ich 'ne Lösung fände
Doch es ist Nacht
Und ich kann nichts verstehn

Da, in Geräusch!
Ein Brausen vor dem Fenster!
Ich springe auf,
schau in die Dunkelheit
Ein rotes Licht!
Sind das vielleicht Gespenster?
Bin ich vielleicht
am Ende nicht gescheit?

Doch seh ich bald
Ein Auto fuhr 'gen Westen
Verschwindet schnell
im Schneesturm und im Nichts
Wär eine Flucht
nicht auch für mich am besten?
Bin ich nicht schon
am Ende allen Lichts?

Es bleibt mir nur
das Pfeifen jenes Sturmes
Der jagt vorbei
und lässt mich hier zurück
Ist´s Dummheit nur?
Die Ohnmacht eines Wurmes?
Bin ich vielleicht
verlassen längst vom Glück?

Ich komm nicht drauf!
Versuchs nochmal mit Schlafen
Und sinke bald
in irgendeinen Traum
Und fern sind sie
Die Bösen und die Braven
Von dieser Nacht
bleibt letztlich doch nur Schaum

Im Wald

Erinnerung an alte Zeiten
Irgendwo im tiefen Wald
Wollt mit dir zusammenbleiben
Doch die Liebe wurde kalt

Konnte dich nicht länger halten
Du gingst fort aus dieser Stadt
Und ich spür den Wind, den kalten
Weil ich nichts zum Wärmen hab

Hier im Wald ist so viel Ruhe
Ahn dich hinter jedem Baum
Schmutzbeschwert sind meine Schuhe
Schmutzbeschwert scheint mancher Traum

Hintern Busch ein wilder Eber
Selbst dies Schwein will nichts von mir
Bis zu ihm sind´s nur drei Meter
Endlos weit ist´s bis zu dir

Auf dem Hochsitz mach ich Pause
Einen Whisky auf uns zwei
Früher gab´s für uns nur Brause
Ohne Pep war´s schnell vorbei

Plötzlich ist es Nacht geworden
Und ich spür die Kälte schon
Nein, ich bin noch nicht gestorben,
auch wenn ich nicht bei dir wohn

*Werd dir sicher nochmal schreiben,
weil ganz tief im Herz was blieb
Erinnerung an alte Zeiten
Denn ich hab dich doch noch lieb*

Insel

Es war die ferne Insel
Im Sommer flog ich hin
Ich hatte schlechte Träume
Und suchte neue Räume
Und einen neuen Sinn

Da waren so viel Tränen
Viel Ärger jeden Tag
So wollt´ ich einfach fliehen
Zu jener Insel ziehen
Vergessen all die Klag

Die Sonne schien vom Himmel
Der Strand lag menschenleer
Hier wollt´ ich ewig bleiben
Erleben neue Zeiten
Hier war es leicht, nicht schwer

Lag unterm Regenbogen
Und streifte durch den Wald
Und abends in der Kühle
Fand ich die alte Mühle
Hab dort ein Bild gemalt

Schnell zog er fort, der Ärger
Die Tränen blieben mir
Weil Heimweh zog ins Herze
Im fahlen Licht der Kerze
Ward klar, ich bleib nicht hier

Ich bin zurückgegangen
In meine ferne Welt
Mit meinem festen Willen
Konnt ich die Tränen stillen
Erkannte, was jetzt zählt

Manchmal vielleicht

Manchmal möcht man´s einfach wissen
Schreien in die Welt hinaus
Möcht die Welt, die Sterne küssen
Manchmal möcht man´s wirklich wissen,
Einfach rennen aus dem Haus

Manchmal möcht man einfach singen
Irgendwas, ganz laut und schön
Möcht die Welt zum Klingen bringen
Manchmal möcht man Lieder singen
Und nie wieder schweigend gehn

Manchmal möcht man nur noch träumen
Von der Liebe und vom Ruhm
Manchmal will man überschäumen
Und dann möcht man alles träumen
Nur verrückte Dinge tun

Manchmal möcht man einfach leben
Einmal nur der Erste sein
Manchmal möcht man alles geben
Und das große Glück erleben
Freiheit spüren, klar und rein

Manchmal möcht man richtig lieben
Wie im Rausch und Überschwang
Sich ergeben allen Trieben
Manchmal möcht man ewig lieben
Küssen, Kuscheln, nächtelang

Manchmal lebt man in den Träumen
Und die Welt ist ganz weit fort
Schön ist's unter Mandelbäumen
Ja, wir brauchen was zum Träumen!
Und den fernen guten Ort

Heimgang

Mein Sinn stand mir nach Nord und Süden
Ich wollte fort, woanders hin
Ich fand hier nicht den stillen Frieden
Mich zog es nur nach Nord und Süden
Hier fand ich gar nichts gut und schön

Da zog ich aus in ferne Lande
Und suchte nach dem großen Glück
Und fern am Meer, am weiten Strande
Lag ich im warmen weißen Sande
Und wollte wirklich nie zurück

Doch ewig wollts nicht Sommer bleiben
Der Strand lag einsam wie mein Herz
Da kamen eisig kalte Zeiten
Ich konnt nicht leben, konnt nicht bleiben
Und fuhr zurück, ganz ohne Schmerz

Bald war die Winterzeit vergangen
Und Sonne fiel ins neue Land
Ich fühlt mich nicht mehr unverstanden
Ich bin ins Heimatland gegangen
Wo ich bald neue Hoffnung fand

Regenguss

Ein Regenguss fällt in dein Leben
Ein Regen fällt in deinen Tag
Du schimpfst und fluchst und willst nicht beten
Doch irgendwann, da trifft es jeden
Und du vergehst in Leid und Klag

Ein Donnerschlag zerreißt die Seele
Ein Donnerschlag zerbricht dein Hirn
So wundgeschrien die trockne Kehle
Dass diese Zeit bloß schnell vergehe
Dass dich die Ängste nicht verwirrn

Ein Blitz zuckt grell in deine Augen
Ein Blitz verbrennt den müden Blick
Fast blind suchst du nach Gottvertrauen
Und willst den Menschen wieder glauben
Doch du bewegst dich nicht ein Stück

Sturm

Ein Sturm dringt ein in die Gedanken
Er fegt die letzten Tränen fort
Und plötzlich brichst du alle Schranken
Du fühlst dich nicht mehr unverstanden
Brichst auf zu einem neuen Ort

Die Hoffnung birgt stets neues Leben
Geh einfach los, hör auf dein Herz
So vieles kannst du jetzt bewegen
Denn Hoffnung birgt stets neues Leben
Dein Wille treibt dich himmelwärts

Den Wind zu spürn, die Sonne sehen,
dies alles gibt es nicht für Geld
Mensch komm, steh auf, du kannst verstehen
Auch du wirst bald die Sonne sehen
Und kämpfen auch für deine Welt

Ja du bist gut! Weiß um dies Wissen!
Mach deine Träume endlich wahr
Dann wird ein schöner Tag dich grüßen
Denn du bist gut und willst es wissen!
Dein Leben wird ganz wunderbar

Zeit

Manchmal denk ich,
ich sei ein Stück Holz,
das da treibt auf dem Wasser
Irgendwo,
im nahen Bach am Wald
Und irgendwo
das mächtige Wasser und das schwache Holz
Es treibt und treibt
Und ist wohl ausgeliefert diesem Wasser- überall
Und ist der Bach auch noch so klein,
das Holz muss dienen diesem Lauf
Dem Lauf der Dinge
Dem Lauf des Lebens
Es flieht vielleicht,
von einer leichten Woge abgetrieben,
auch mal ans Ufer- fast
Doch bleibt es immer an der Oberfläche
des Wassers, noch
Und manchmal denk ich,
es geht bald unter,
gnadenlos,
irgendwann
Doch treibt es weiter – ganz einfach so
Vor vielen Jahren,
als ich noch ein Kind,
hab´ ich ein Holz in jenen Bach geworfen
Und bin mit einem Floß
ihm nachgefahren – irgendwohin,
bis an den Sumpf

Dort ging es nicht mehr weiter
Doch irgendwo,
da findet jedes Holz den Weg
Das Stückchen Holz treibt fort
Und immer weiter
Immer fort
Bis zu dem dicken großen Stein
Es verweilte dort nur kurz
Ich dacht, jetzt geht es unter
Doch treibt es balde,
wie von Geisterhand geschubst,
an jenem Stein vorbei
Ist frei
Und ist so leicht und wird getragen
von diesem Bach,
der wird zum Fluss und mündet bald
ins Meer
Und trifft so viele seiner Brüder
Doch saugt sich's auch voll
Ist nicht mehr leicht
Sinkt irgendwann,
so erdenschwer,
auf einen dunklen Grund
Dann ist es weich
Und es zersetzt sich
Ist plötzlich fort
Und nicht mehr da
Und keiner weiß, dass es mal hier
und fröhlich einst geschwommen
Durch Raum und Zeit
Drum nutzt die Kindertage
und auch die Jugendjahre

und lacht und seid gesund
Zu schnell vergehn die Zeiten
Und schwer und alt
sinkt ihr auf jenen Grund Eures Lebens
Und bleibt dort ruhen,
bis Euer letzter Tag gekommen
Denn Ihr seid, wie alle hier
Es liegt an Euch,
die Zeiten zu erleben
Freut Euch an dieser Welt
Sie ist nur einmal
Und zieht an Euch vorüber
Nehmt sie stets mit
Und lasst sie niemals ziehn
Ihr habt die Chance
als Mensch,
denn ihr seid keine Hölzchen

Kalter Winter

Der Winter ist so kalt
Ich sehne mich nach Dir
In dieser Traurigkeit
Allein
Und getrennt von Dir
Bin ich am See
Er ist so kalt
Ich fühle mich nicht wohl
Und ein heftiges Gewitter droht
Es will mich töten

Fremde Gesichter
Sie sind mir unbekannt
Doch kenn ich sie
Von irgendwoher
Schatten in der Fremde
Spuren im Schnee
Mein eigener Herzschlag
Der mich betäubt
Er lässt mich nichts mehr fühlen
Und auch nichts sehen
Bin ich gar blind?
Oder nur stumm?
Zu dumm und blöd für dieses Sein?

Blumen für die Spinner
Und keiner kann es so gut wie ich
Bin ich nicht ehrlich?
Zu Dir?
Zu mir?
Zu allen um mich herum?
Zu wem eigentlich?
Ich lüge nie, und doch immer wieder
Weil ich's nicht anders kann
Ich bin doch klug!
Oder etwa nicht?
Wenn's um mich geht
Bin ich zu doof!
Es bleiben tausend Fragen!

Du gehst mit mir ins Ungewisse
In die Stadt der Angst
Die Stadt der Fremdheit
Du gehst mit mir ins Reich des Alleinseins
Des Fluches
Und der Flucht
In ein Reich der unbezwingbaren Sucht
Doch nur in den Gedanken
Ich torkele und spür sie nicht
Die Seele
Nein, ich bin noch nicht betrunken
Und Drogen sind mir fremd
Ich werd sie niemals nehmen
Es bebt das Meer
Der Ozean
In jener Welt
Der Abgeschriebenen

Ich bin kein neuer Mensch
Ich bin schon alt
Und jung geblieben
Und doch so fern von allen Lüsten oder Trieben
Im Moment
Denn Du bist fort
Und all die Fremden um mich herum
Sind wie Gespenster
Sind ohne Namen
Und ohne Gefühle auch
Mich drängts zur Flucht
In neue Räume
In einen andern Schoß
Und dann wird auch die Sonne wieder scheinen
Denn in diesem Leben
Kann ich ändern
Und bleibe dennoch
Immer ICH!

Morgen

Wenn die frühen Nebel
über saftge Wiesen steigen
Und ein erster Sonnenstrahl
die trüben Augen öffnen will,
möchte auch ich nicht länger
in der dunklen Nacht verweilen
Muss raus ins Leben
Denn ich hab ein gutes Ziel

Doch mag ich niemals
Deinen starken Arm vermissen,
der mich noch hält
Denn Du liegst schlafend neben mir
Viel lieber würd ich
Deinen schönen Körper küssen
An diesem Morgen
Ich spüre herbe Lust nach Dir

So atme ich noch mal
den süßen Duft von Deinen Haaren
Spür wie Dein Körper
Langsam nah an meinen kriecht
Und wie Dein Mund sich strafft
Mit sicherem Gebaren
empfang ich Deine Liebe
und das junge Sonnenlicht

Bis wir erschöpft
erneut die müden Augen schließen
Im Traum des Glücks
so nah wie nie vorher
Ein Spatz am Fenster
pfeift lustig, froh
Er will uns wohl begrüßen
Und in der Ferne rauscht
das wilde raue Meer

Das Leben

Das Leben fließt so wie ein Strom
Mal langsam noch, dann wieder schnell
Es fließt nur so, wer fragt da schon
Das Leben ist ein langer Strom
Es ist oft dunkel, selten hell

Es ist nur da und bringt die Zeit,
in der wir sehen und verstehn
Wir fühlen Glück, erleben Leid
Und es vergeht mit aller Zeit
Bis nichts mehr von uns bleibt bestehn

Der Wind fegt über kahles Land,
auf dem es so viel Leben gab
Es liegt oft nicht in unsrer Hand
Es fegt nur Wind über das Land
Und streichelt sacht so manches Grab

Man möcht so gerne ewig sein,
um eins zu werden mit der Welt
Um alt zu werden, wie ein Stein
Ja, manchmal möcht man ewig sein
Niemals verlieren, was man hält

Doch fließt das Leben wie ein Strom
Und bliebt nicht stehen, treibt uns fort
So manches fließt uns da davon
Denn es geht weiter mit dem Strom
Und bleibt nie ein beständig´ Ort

Alte Frau

Sie denkt sehr selten nur an Morgen
Die alte Frau ist ohne Sorgen
Sitzt auf der Bank, vorm Haus, im Tal
Und es ist Frühling - wiedermal

Im Sommer zieht's die Frau zum Garten
Sie will jetzt nicht mehr länger warten
Die Rosen und die Nelken blühn
Sie will nochmal im Tanz sich drehn

Der Herbst zieht ein, die Blätter fallen
Auch Vogelstimmen kaum noch hallen
Die alte Frau ruht sich nun aus
Und Nebel ziehen um ihr Haus

Die alte Frau ist alt geworden
Und jenes Jahr scheint fast gestorben
Der Winter längst am Fenster leckt
Die Bank vorm Haus … von Schnee bedeckt …

Regennacht

Du kamst in jener Regennacht
Aus fernster Ferne, von weither
Du hast mich einfach angelacht
Kamst aus der dunklen Regennacht
Und machtest, dass die Sonn mir lacht
Die Zeiten waren sonst so leer

Du kamst in meine Einsamkeit
Warst einfach da und hieltst mich fest
Um uns nur kalte Dunkelheit
Du kamst in meine Einsamkeit
Und alle Tränen schienen weit
Dein Kleid, vom Regen so durchnässt

Du küsstest mir die Ängste fort
Wir sanken in ein Wolkenmeer
Du küsstest mich und sprachst kein Wort
Du küsstest mir die Trauer fort
An diesem märchenhaften Ort
Du kamst von irgendwo weit her

Besuch am Grab

Der Regen rieselt durch die Äste
Wart auf dem Friedhof ganz allein
Gedanken um des Lebens Reste
stelln kühl in meiner Seel sich ein

Hier ist's so ruhig, endlose Stille
Nur Regen fällt auf manches Grab
So endgültig, ein letzter Wille?
Hier, wo man nichts zu sagen wagt

Da giert und jagt man durch die Zeiten
Da jammert man und will noch mehr
Man spürt nicht, wie die Jahr' enteilen,
wie alt man wird und schwach und leer

Die Jugend ist nicht festzuhalten
Der Reichtum nicht und nicht das Gut
Nichts ist auf ewig aufzuhalten,
weil irgendwann erstarrt das Blut

So will ich Einhalt mir gebieten
Denn viel zu schnell komm ich hierher
Sollt' wieder neu mein Leben lieben
Sollt' Lieder singen, und noch mehr

Der Regen rieselt durchs Geäste
Und dunkel wird's im Friedhofshain
Was tu ich mit des Lebens Reste?
Schlag hoch den Kragen und geh heim

Flieger

Ich wollt so gern ein Flieger sein
Dort, irgendwo am Firmament
Nur mit dem Wind alleine sein
Wollt ich so gern ein Flieger sein
Zerreißen mir das alte Hemd

Ich wollt so gern ein Flieger sein
Ja, irgendwo am Himmelszelt
Geblieben sind nur Träumereien
So gern wollt ich ein Flieger sein
Und unter mir die ganze Welt

Ich wollt so gern ein Flieger sein
So hoch über dem blauen Meer
Doch blieb auf Erden ich allein
Ich sollt wohl nie ein Flieger sein
Denn Fliegen war für mich zu schwer

Leuchtturm

Irgendwo in ferner Zeit
Blinkt ein Leuchtturm in die Welt
Steht so einsam und befreit
Steht so fern von aller Zeit
Ja, sein Mauerwerk, es hält!

Hab ihn eines Tags entdeckt
Dort am Ufer, dort am Strand
Fand ihn kaum, weil er versteckt
Hab ihn irgendwann entdeckt
Und ich lief durch weißen Sand

Stand vor ihm und sah sein Licht
Und das Meer rauschte im Wind
Plötzlich sah ich mein Gesicht
Dort im hellen Leuchtturmlicht
Vor mir stand ein frohes Kind

Ja, es lachte und es sang
Von dem Leben und vom Glück
Sah das Kind minutenlang
Hörte, wie es fröhlich sang
Und ich sang dies Liedchen mit

Und auf einmal ward mir klar
Dass ich doch noch lachen kann
Hier, wo nie ein Mensch je war
Wurde mir so manches klar
Täglich fängt dies Leben an!

Wenn sich etwas ändern muss
Geht es nur, wenn ich es tu!
Denn es ist noch lang nicht Schluss
Weil ich´s selbst jetzt ändern muss!
Denn das Leben gibt nie Ruh

Irgendwo in ferner Zeit
Blinkt ein Leuchtturm hell und gut
Steht so einsam und befreit
Jenseits aller Lebenszeit
Gibt mir neuen Lebensmut

Tod

Die Zeit vergeht
Mich zieht es nun nach Norden
Verschwommener Mond
Die Wolke stirbt am Berg
Vom Wind verweht
Der hört nicht auf zu morden
Ein dunkler Stern
Ich bleib ein arger Zwerg

Vergangenes Glück
Zu warm ist's nie geworden
Da starb soviel
Ein Nachen sank im Fluss
Einsam verrückt
Zum X-ten Mal gestorben
Hier ist's zu kalt
Und Gott zeigt keinen Gruß

Es ist vorbei
Mein Herz hört auf zu schlagen
Dem Tode nah
Und nimmer mehr befreit
Oh Herr, verzeih!
Verflucht an vielen Tagen
Weil ich nie sah
Mein großer Traum – zu weit

Geh heimwärts jetzt
Ein Stern wird mich begleiten
Im fernen All
Irrt manche Seel umher
Zu schlimm verletzt
Ich will mich da nicht streiten
Es bleibt ein Hall
So endlos still und leer

Du fremdes ICH
Zuviel hast Du gefordert
Im Spiegelbild
Ein abgestürzter Star
Jenseits vom Licht
Da ist kein Glück geordert
Zu dumm, zu wild
Am Ende nur ein Narr

Naher Winter

Der Winter naht,
das Feld liegt ohne Leben
Und auch der Bach im Wald
stöhnt müde vor sich hin
Einsames Bad
Es fällt nur leis der Regen
Ich bin halbwach
und alt
Wo ist des Lebens Sinn?

Jetzt ist es Herbst
Die Bank gähnt vor den Weiden
Zu kalter Wind
Am Haus die Einsamkeit schon lehnt
Wer jetzt nicht scherzt,
der wird nicht lange bleiben
Kein einzig Kind,
nicht Mensch,
wird spielen hier verschämt

Das Jahr ist um!
Mein Weg führt in die Ferne
Doch nur im Traum, allein
Die Nächte werden lang
Der Mond bleibt stumm
Und stumm sind auch die Sterne
Es schweigt der Baum,
der Stein
Und mir wird's langsam bang

Überflieger

Jetzt ist die Zeit der Überflieger
Sie fliegen hoch und weit hinaus
Und singen Dir die schönsten Lieder
In feinstem Zwirn, auf heißem Mieder
Jetzt ist die Zeit der Überflieger!
Soweit bin ich vom Heimathaus

Jetzt ist die Zeit der Überflieger
Die sind so jung, so schön, so stark
Und zeigen ihr gar bunt Gefieder
Wolln mächtig werden, immer wieder
Jetzt ist die Zeit der Überflieger!
Allein sitz ich im herbstlich Park

Jetzt ist die Zeit der Überflieger
Allseits geliebt, mit stetem Mut
Da, ihre Gärten – reich an Flieder
Es ist die Zeit der großen Sieger
Jetzt ist die Zeit der Überflieger!
Vom Sturm verweht mein Haar, mein Hut

Jetzt ist die Zeit der Überflieger
Sie sind perfekt und lächeln froh
Ihr Haus – gedeckt mit rotem Schiefer
Zur Weihnacht steht die größte Kiefer
Jetzt ist die Zeit der Überflieger!
Und ich zieh weiter, einfach so

Jetzt ist die Zeit der Überflieger
Die Zeit des Mittelmaßes dort
Die Zeit der Dirnen und der Dealer
Es stirbt die Menschheit bald am Fieber
Jetzt ist die Zeit der Überflieger!
Ich leb an einem fernen Ort

Mondloser Abend

Trübe ist der Tag,
der letzte Tag am Meer
Und immer wieder leben meine Träume
Leben in dieser kalten Einsamkeit
Ich bin abhängig zu sehr
von alten Gefühlen
Von Dir, Du alte Liebe

Und ich stehe vor den Trümmern meines Lebens
Ausgebrannte Welt – zerstört – und jeder Tag
vergebens
So flieh ich weit,
ins tatenlose Nichts der Zeit
Und die Ruinen meiner Hoffnung ragen in die
Dunkelheit
Drohen in der tristen Dunkelheit

Leise ist mein Wort,
mein letztes Wort im Wind
Und immer wieder wollt ich's schreien
Umsonst – ich werd doch nie erhört
Was wollt ich immerzu
von meinem Leben
Ich kann jetzt nur noch schweigen

Und ich stehe vor den Trümmern meines Lebens
Aufgebaute Welt – zerstört - und jeder Tag
vergebens
So flieh ich weit,
ins tatenlose Nichts der Zeit
Und die Ruinen meiner Hoffnung ragen in die Dunkelheit
Drohen in der tristen Dunkelheit

Meine Heimat

Ob ich dort am Teich noch einmal glücklich wär
In der fernen Stadt, wo ich einst als Kind
Ach, die Träume wiegen oft so schwer
Ich musste fort und war so blind

Und im Wald, wo ich so oft gespielt
Bei der fernen Stadt, wo sich Oma kannte aus
Mir hat´s so oft ins Herz gezielt
Meine Heimat, mein vertrautes Haus

All die Straßen - ich sehe sie noch vor mir
Meine ferne Stadt, wo ich einmal gelebt
Und die Erinnerung wiegt da so schwer
Vergangenheit in mir, die im Kopfe schwebt

Unterm Baum

Ach Du schwaches Bäumchen mein
Hast mich vorm Regen gut beschützt
Und auch behütet Laus und Stein
Ach Du schwaches Bäumchen mein
Sei wohl geliebt und stets begrüßt

Dein zartes Blattwerk widerstand
Am Wurzelwerk hab ich's gespürt
Du bliebst doch grün und frisch im Land
Dein zartes Blattwerk widerstand
Hab drunter meine Maid verführt

Ob es nun regnet oder schneit
Ob der Orkan Dich beinah knickt
Hier hab ich Liebe, Traum und Freud
Ob es nun regnet oder schneit
Du bist für mich vom Glück ein Stück

Weihnachtswunsch

Ein Weihnachtswunsch, sechs Worte nur
Spukt mir des Nachts im Kopf herum
Es ist so gegen 3, 4 Uhr
„Denk nicht so viel und lebe nur!"
Die Worte sind so still, so stumm

Der Mond scheint durch das Fenster rein
Und eine Wolke schwimmt vorbei
Ich wollt doch auch mal glücklich sein
Und trinke ein- zwei Schlückchen Wein
Warum sagt niemand mehr: „Verzeih!"?

„Denk nicht so viel und lebe nur!"
Der Wunsch liegt auf dem leeren Tisch
Ein Weihnachtswunsch, sechs Worte nur
Bin ich vielleicht manchmal zu stur?
Versteh ich Dich nicht, oder mich?

Ist denn nicht alles klar und gut?
Warum sitz ich so traurig hier?
Ein Augenblick- mich packt die Wut
Es ist nicht alles schön und gut!
Denn Ängste toben tief in mir!

Der süße Wein beduselt mich
Der Wecker tickt, die Zeit vergeht
Da liegt ein Wunsch auf meinem Tisch
Ich bin so müde, gar nicht frisch
Ob das mein Partner je versteht?

Ich geh zum Fenster, öffne es
Ein kühler Wind verweht den Schwips
Warum dies Denken und der Stress?
Ob *DU* mich auch mal weinen lässt?
Liegt unser Glück nicht längst in Gips?

Die Antwort gibt es nimmermehr
Ich bin zu müde, schwach, kaputt
So manche Frage wiegt zu schwer
Und eine Antwort gibt's nicht mehr
Die Kinder träumen ruhig und gut

Auch ich sollt schlafen in der Nacht
Und schließ das Fenster sacht und leis
Wohl hab ich zu viel nachgedacht
Sollt mich nicht klagen durch die Nacht
Der Tag ist klüger, ja, ich weiß!

Und plötzlich weiß ich es genau
Ich denk nicht mehr- leb jetzt und hier!
Mein Weihnachtswunsch war wirklich schlau
Ich weiß es plötzlich ganz genau!
Und meine Uhr zeigt kurz nach 4!

INHALT

LEUCHTTURM

5	Licht
6	Nach Hause
8	Gedanke
9	In meinem Keller
11	November
12	Advent
13	Bei Dir
14	Besuch im Herbst
17	Dämmern
19	Die Fee
20	Manchmal
22	Resignation
24	Zeit [1]
25	Schlaflos
27	Im Wald
29	Insel
31	Manchmal vielleicht
33	Heimgang

INHALT

LEUCHTTURM

34	Regenguss
35	Sturm
36	Zeit [2]
39	Kalter Winter
42	Morgen
44	Das Leben
45	Alte Frau
46	Regennacht
47	Besuch am Grab
48	Flieger
49	Leuchtturm
51	Tod
53	Naher Winter
54	Überflieger
56	Mondloser Abend
58	Meine Heimat
59	Unterm Baum
60	Weihnachtswunsch